Rainer Karliczek

Promis auf Partnersuche
Fiktive Kontaktanzeigen von Profis

EI- EI-. DER DAUS -
WELCH AUGENSCH
MAUS

Zärtliche*er Oldie für alle Gelegenheiten gesucht

ISBN 9783756200887

Titelbild: Sir Simon Rattle, britischer Chefdirigent, 1955*
Montserrat Caballé, spanische Opernsängerin, 1925-1991)
Diese beiden waren nicht miteinander verheiratet.

Vorwort

„Erfahret denn zuerst von der menschlichen Natur und deren Leiden! Die menschliche Natur war ja einst ganz anders… (die Menschen) wagten den Weg zum Himmel hinauf und wollten sich an den Göttern vergreifen. Zeus aber und alle Götter erwogen, was sie dagegen tun sollten und waren recht in Verlegenheit…da fiel es aber Zeus ein und er rief: Ich habe das Mittel!… Ich werde jeden Menschen in zwei Teile schneiden… und wie Zeus sprach, so handelte er auch, er nahm die Menschen her und schnitt jeden in zwei Teile …. wie man Birnen, um sie einzukochen, entzweischneidet…

Als nun auf diese Weise die ganze Natur entzwei war, kam in jedem Menschen die große Sehnsucht nach seiner eigenen anderen Hälfte …

Alle Männer zunächst, welche aus jenem Ganzen geschnitten sind, das früher Mannweib hieß, lieben heute das Weib… Die Weiber dann, die aus dem alten Geschlechte des ganzen Weibes geschnitten sind,… fühlen sich mehr zum eigenen Geschlechte hingezogen: die lesbischen Frauen kommen von daher. Und endlich die Männer, die aus dem alten männlichen Geschlechte geschnitten sind, laufen dem Manne nach. Als Männer lieben sie wieder …Jünglinge, und kümmern sich wenig darum, ein Weib zu nehmen. So also sind die Freunde und Geliebten entstanden, sie also lieben nur ihr eigenes altes Geschlecht…
Denn so war einst unsere alte Natur: wir waren einst ganz, und jene Begierde nach dem Ganzen ist Eros. Wir waren *einst* ein Wesen, und weil wir gefrevelt haben, sind wir von Gott gespalten worden…"
(aus der Rede des Aristophanes in: Platon, Gastmahl, Wiesbaden, 1959, S. 28 ff - Platon 428- 346 v.Chr, altgriechischer Philosoph)

3

Benito Mussolini, 1883-1945 italienischer Diktator
Adolf Hitler, 1889-1945, deutscher Diktator

Teil 1

Wir suchen noch,
denn wir haben unsere andere Hälfte
leider noch nicht gefunden,
oder wir sind mit uns selbst zufrieden.

Adenauer, Konrad Hermann Joseph
1876-1967, deutscher Politiker, Jurist,
Oberbürgermeister von Köln (1917-1933),
1. Bundeskanzler (1949-1963)
und deutsch-französischer Freund von
Charles de Gaulle, 1890-1970, französischer General,
Präsident (1959-1969)

Wenn ein Knackhirn wichti-
ger ist als ein Knack... ist,

R. K..

Erwähle mich, und es bleibt alles beim Alten!
Wer geistiges und menschliches Format hat, Rosen
züchtet, dieser Mann könnte ein Juwel gewinnen.
Sie ist sehr warmherzig, geistig profiliert, sinnlich,
voller Vitalität, hat Geduld und Verständnis (Mitte
60, 1,80, gute Figur, sportlich beim Boccia) …

„Sie war'n als Erster auf dem Mond,
hat sich die Reise denn gelohnt?"
„Oh, ja, ganz sicher, mit Verlaub,
ich holte Mondgestein und Staub!"

Armstrong, Neil
1930-2012
US-amerikanischer Testpilot, *first man on the moon*

Ganz normaler Außerirdischer

60, Migrationshintergrund, sucht Erd-Frau, hast Du die Erde
schon vom Mond aus gesehen, komm…! That's one small step
for man, one giant leap for mankind.

Die Beatles oder eine andere Methode,
die eigene zweite Hälfte wieder zu finden

John Lennon 1940-1980
Paul Mc Cartney *1942
George Harrison 1943-2001
Ringo Starr (eigentl. Richard Starkney) *1940

YEAH, YEAH, YEAH!

Eight days a week, we can work it out!
Let it be yesterday, get back!
I hold Your hand, all we need is love, yeah –
All my Loving, love me do

Beethoven, Ludwig van
1770-1827
Deutscher Pianist und Komponist, (u.a die neun Sinfonien,
darunter die 5. – vgl. oben) – und die 9. Sinfonie)
Auch noch heute gehört Beethoven zu den meistgespielten
Komponisten der Welt.

Freude schöner Götterfunken,
Tochter aus Elysium,
ich betrete sturzbetrunken,
Himmlische, Dein Heiligtum. (nach F. Schiller)

Ich bin taub, mach mich gesund,
weil ich komponieren muss,
schenk mir Deinen Ehebund,
gib mir Deinen Musenkuss (nicht Schiller)

Göttliches Feuer

Auch treibet bei Tag und bei Nacht, aufzubrechen. So komm,
dass wir das Offene schauen, dass ein Eigenes wir suchen, so
weit es auch ist. (Hölderlin)

…lässt den Einbeinigen die Krücken lahmen… dicht
bemenschte Leere schmilzt ihn nicht weg … Wegzehr für
gefallene Krüppelphilosophen: Das Meer der Wünsche im
Pappschnee! Narbensaiten klingen magerndem Torso.
Beziehungsfrost stumpflastig im Labyrinth eisglatter
Niemandsstraßen, wo wir einander umarmen, unversehrt
verschlafen, bis Frühling.

Joseph Beuys, 1921-1986, deutscher Künstler

Boys

Stört Sie in ihrem Lustrevier
Kein Tier, kein Mensch und kein Klavier?
Kein Weib gibt Ihnen weise Lehren,
die gut gemeint und bös zu hören?
Der Welt entronnen gehen Sie still
in Filzpantoffeln durch den Müll:

Bismarck, Fürst Otto von
1815-1898
preußischer Politiker, preußischer Ministerpräsident und
Bundeskanzler des Norddeutschen Bundes (1867-1871), erster
deutscher Reichskanzler des Deutschen Reiches (1871-1890)

Gestandenes Mannsbild

Alter Knacker, 68/178, second hand, aber noch
brauchbar, sucht knackige Alte für gemeinsame Abenteuer im
Sachsenwald, Bad Ems und Bad Kissingen, in Sachen Leben
und Liebe, bei Bismarckhering und Quark.

Heinrich Böll
1917-1985
deutscher Schriftsteller
(u.a. Wo warst Du Adam, Billard um halb zehn,
Ansichten eines Clowns, Gruppenbild mit Dame,
Die verlorene Ehre der Katharina Blum)

18

BILLARD UM HALBZEHN?

Oder möchtest Du (kath., bis 45, NRW) lieber andere
lassen und mit mir (selbst., erfolgreich, 56) Anderes tun?
Dann sage kein einziges Wort und
schreibe sofort PP Chiffre 54394

Macht das Brandtenburger Tor auf!

Willy Brandt (eigentl. Herbert, Ernst, Karl Frahm), 1913-1992
Deutscher Politiker, Reg. OB Berlin, Bundeskanzler
(1969-1974)

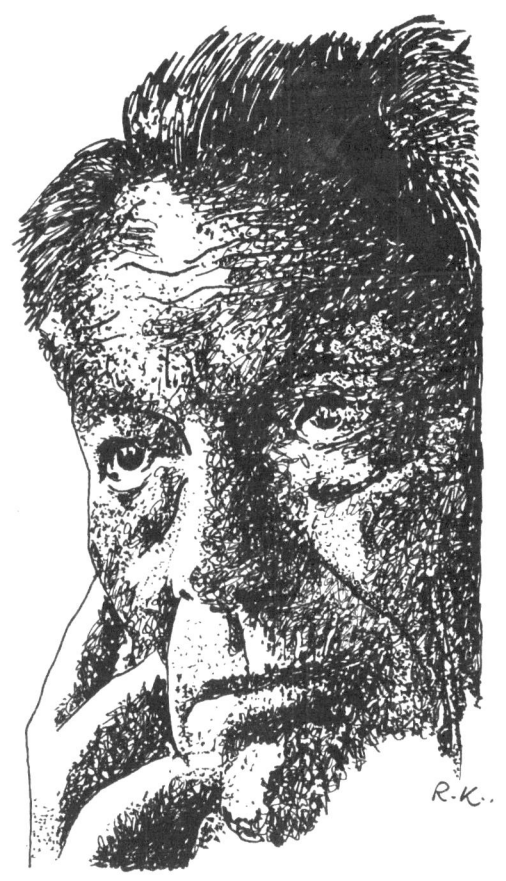

Torschlusspanik? Brandteilig? Dann lasse Dich (selbst- und weltoffen) von mir (eheerfahren, in Ehren ergraut) sofort zum Strandesamt führen! Schnellentschlossene rufen mich an unter …

Charlie Chaplin (Sir Charles „Charlie" Chaplin)
1889-1977
Britischer Schauspieler, Regisseur, gilt als „1. Weltstar des
Kinos". u.a. „Moderne Zeiten", „Der große Diktator"
(Er war sogar 4 x verheiratet...)

Gehbehinderter Unglücksrabe

45/172/Schuhgröße 52, sucht aus Paritätsgründen neue verpatzte Gelegenheit zum Schmusen, Grinsen, Vermehren, eher mehr als weniger ernstgemeinte Bildzuschrift an …

Christie, Agatha Mary Clarissa , Lady Mallowan
1890-1976
britische Kriminalschriftstellerin
Die verkaufte Weltauflage ihrer Bücher beträgt über
2 Milliarden. Damit gehört sie den zu erfolgreichsten
Autor*Innen der Literaturgeschichte, wozu Hercule Poirot
und Miss Marple kräftig beigetragen haben dürften...

Jeder Topf find' seinen Deckel

Deshalb suche ich Dich, denn Du könntest meiner Lebenssuppe den letzten Pfiff geben. Du brauchst Dich nicht bei mir zu melden, Poirot oder Miss Marple werden Dich schon bald zu mir auf den Topf gelegt haben.

25

Dalai Lama (Tenzin Gyatso)
wird im tibetanischen Buddhismus als Boddhisvattva – „er-
leuchtetes Wesen" verstanden, Oberhaupt der tibetanischen
Exilregierung
*1935
Tibetanischer im indischen Exil lebender

Gern würde ich Dir die die Welt der Beglückung zu Füßen le-
gen: feingeistige, warmherzige Frau mittleren Alters – Mann
mit Selbstvertrauen, positiver Denk- und Lebensweise, möchte
Dir begegnen – da ich aber gleichzeitig bedürfnislos bin und
die höchste Bestimmung und Erfüllung im Nirwana anstrebe,
muss ich dir leider entsagen.

Darwin, Charles
1809-1882
britischer Naturforscher

Seine Zeitgenossen und die Christen waren erbost, weil
er die Schöpfungsgeschichte in Frage stellte… sie sollten vom
Affen abstammen? Eine damalige Karikatur stellte Darwin als
Affen dar (nach Magazin „The Hornet", 1871)

Out of America

Buschgelehrter aus Entwicklungsdienst, 50, 1.81, 78,
hatte wegen des Vorrangs der Analyse fremder Lebensformen
bislang keine Gelegenheit auch andere zu erforschen, sucht die
Königin seines Herzens, (50 ± Jahre) zum Schnäbeln und mehr.
Your letter to British Royal Geographic Society…

Daudet, Alphonse
1840-1897
Französischer Schriftsteller,
(u.a. „Le petit Chose", der kleine Herr Dingsda)

... raschelnd im reifenden Most

R·K··

Den sonnigen Weinberg hinauf   raschelnd im reifenden Most
willst Du?
So umfasse den kundigen Freund, 52/1,65, 66,   eheerprobt
neugierig auf Dich, die gereifte Frucht hangend am dorrenden
Stock, wartend des durstigen Zechers. Frdl. Zuschrift an:

Eastwood, Clint
*1930
US-amerikanischer Schauspieler, Regisseur (u.a. Zwei
glorreiche Halunken, Million Dollar Baby, Erbarmungslos)

GRAUER, ABER NICHT ZAHNLOSER WOLF

wünscht sich auf seinen Streifzügen eine
Partnerin fürs Fressen, Balgen, Heulen,
Rumströmern. Revier: Wald, Prärie, Stadt
und die Ferne. Bitte Zuschrift mit Bild an

Dieses selten gezeigte Bild stellt Albert Einstein nach dem erfolgreichen Quantensprung auf die Spitze des Teleskops des Potsdamer Observatoriums („Einsteinturm") in Relation zu sich selber dar. Abweichend von den olympischen Spielregeln erhielt er hierfür im Jahre 1921 den Nobelpreis.

Albert Einstein, 1879-1955, deutscher Physiker

Suche Frau zur Erfüllung ihres Kinderwunsches

34

R.K.,

Der große Unbekannte

o.: wer lôst meine (Lebens-) Gleichungen?

$x =$ weibl., 68 J. + 180 cm + Studium

$x =$ Attraktivität + Klugheit + Pfiffigkeit + Wärme + Zärtlichkeit + skuriler Humor + Haß auf Heiratsanzeigen.

$x - y =$ Traurigkeit + Einsamkeit + Kratzbürstigkeit

$x + y =$ Freude + Kinder + Geborgenheit + Spannung

$y =$?

Rechenfehler können wir gemeinsam suchen. (Übrigens hasse ich Mathematik)

Elvis Aaron Presley,
1935-1977,
US-amerikanischer Sänger, Musiker, Schauspieler (in 31 Spiel-
filmen), „King of Rock'n Roll", erfolgreichster Solo-Künstler
weltweit

„Joschka" (eigentl. Joseph Martin) Fischer
* 1948
Deutscher Politiker, er hat die Turnschuhe gesellschaftsfähig gemacht, seitdem er damit als hessischer Staatsminister 1985 vereidigt wurde. Seitdem laufen sogar uralte Frauen und Männer mit bunten Turnschuhen durch die Gegend..

Lust auf Aussteigen?

Im Winter am Meer (im Süden), im Sommer irgendwo auf dem
Lande mit Schafen und Hühnern leben? Freiberufler (R. 8)
49,184, 79 sucht jugendliche attraktive Frau mit Intellekt und
grün-global-politischem Bewusstsein; am liebsten für immer-
dar. Schreib' mir bitte mit Foto oder wähle mich.

„Ach, wie ist das ärgerlich:
ÜBER - ES und UNTER – ICH !
Leg mich erstmal auf die Liege,
wo ich schöne Träume kriege
und verbleib für Sie und heut
immer noch als Sigmund Freud!"

Sigmund Freud, 1856-1939
Österreichischer Neurophysiologe

Freiberufler und Freigeist,
Seelentaucher und Sofaverführer
(61/173/ 65, Dauerraucher)

sucht die zärtliche Begegnung mit den sanften Konturen des
Weiblichen in seiner klugen und empfindsamen wohlgestalteten
und begehrenswerten Erscheinung

41

Friedrich II., („der Große")
1712-1786
König von Preußen (1740-1786),
Flötenspieler

Leider hatte Friederich
gar kein eig'nes Schloss für sich:
er pfiff – potzblitz und – 1,2,3,
kam zu Befehl das Schloss herbei

Ein 2. Pfiff galt einer Frau
sie eilt herbei zur Brautbeschau,
man heiratet ... oh welch ein Glück *,
als König schickt er sie zurück!!!
(* Heirat 1733 mit Elisabeth Christine)

43

Jakob Fugger
1459-1625
Deutscher Kaufherr und Bankier

44

Kann mein Traum erfüllt werden?

Als Herr eines angesehenen weltweit handelnden Unternehmens steht mir manche Tür offen, trotzdem fehlt mir etwas sehr Wichtiges, um glücklich zu sein. Was wäre es für ein Glück, eine wahre LIEBE zu empfangen und zu erwidern und füreinander da zu sein! Mein Traum wäre eine gut aussehende junge Dame, denn ich möchte stolz auf sie sein, ca. 33 Jahre jung (gerne jünger), ledig, gläubig, mit einer feinen, herzlichen, liebevollen Wesensart, und Sinn für Familie, ein gemütliches Heim, Häuslichkeit und dem gewissen Etwas. Sie sollte aus gutem Haus mit einer guten Kinderstube kommen und Verstand besitzen, auf Vermögen wird nicht geachtet.

Zu bieten habe ich ein gutes An- und Aussehen. Ich bin erfolgreich, ledig, Mitte 40. groß, gutherzig und seriös. Sollte ich das Glück haben, eine solche Dame zu finden, würde ich Sie wie eine Königin verwöhnen, und wir könnten im gehobenen Stil mit Anstand das Leben genießen,

wofür meinerseits ein auskömmlicher Wohnhof mit mehreren Witwenresidenzen in der Stadt Augsburg bereit steht. Besonders möchte ich begüterte wohl-gesittete Damen ansprechen, die nicht umworben werden müssen oder wollen. Lassen Sie es mich wissen, lassen Sie schreiben an **J.F.**, Wohltäter von Augsburg.

45

Im Kampf der Inder mit den Briten
hat Gandhi lange Zeit gelitten
und endlich doch den Sieg erstritten
aus eig'ner Kraft – unzweifelhaft.

Gandhi Mahatma (eigentl. Mohanda Karamchand G.)
1869-1948
Indischer Rechtsanwalt, Führer der indischen
Unabhängigkeitsbewegung

46

Gut belichtetet ehemaliger
Entwicklungshelfer

Der sich seine Hörner abgestoßen hat,
sucht nun die Frau, die ihn entwickelt
und fixiert, auf immer und ewig!
Angebote unter Chiffre…

47

Gorbi urbi et orbi

Gorbatschow, Michail Sergejewitsch
* 1931
Generalsekretär der Kommunistischen Partei von
Russland 1985-1991, Unterstützung der Deutschen
Wiedervereinigung

Kuschelbär sucht Kuschelfee,

Ich bin bescheiden . . . ein paar Sterne vom Himmel genügen mir schon. Sie, 40/1,75/schlank, humorvoll, zärtlich und naturverbunden, hat den wichtigsten Platz in ihrem Herzen wieder frei. Ihre ernstgemeinte Zuschrift erreicht mich unter
ZI 6521 ████████ Postfach ████████,

49

Grass, Günter
1927-2015
deutscher Schriftsteller, Blechtrommler, Nobelpreis 1999
(u.a. Die Blechtrommel, Katz und Maus, Der Butt)

Tiefgängiger Butt

Leicht bemoost, verirrt in westlichen Gewässern,
66/1.75, 70 kg, treibt kieloben, da Ilsebill seelisch
und finanziell gesch... Welches Weibchen schottet
ihn ab und bleibt in der Kajüte? **...---...SOS...---...**

Grock (Charles A. Wettach)
1880-1959
Schweizer Clown, er sprach 6 Sprachen und beherrschte 15
Musikinstrumente, auf der Bühne bzw. in der Manege erschien
er stets mit riesigen Schlappschuhen, Schlabberhose und einer
winzigen Geige. . „Nit Mööööööööglich!"

Brillant

Fast lupenrein, facettenreich, schön geschliffen
33, 1.78// 63 ist auf der Suche nach einer
Sportlich-eleganten Fassung (>35>1,85) die barfuß
und zu Lackschuhen tragbar ist. Wo ist der
Zauberkünstler?

In Weil am Rhein errichtete Hadid ihr 1. Bauwerk:
ein Feuerwehrgerätehaus

Hadid, Zaha Muhammad
1950-2016
Irakisch-britische Architektin
Sie wurde 2004 als einzige Frau mit dem bedeutenden
Pritzker-Architektur-Preis („Nobelpreis" der Architekten)
geehrt. (Bauten in Deutschland u.a. Science Center
„phaeno").

Ihre Kontaktanzeige ist gezeichnet…

Hitchcock, Alfred
1899-1980
Britischer-US-amerikanischer Filmregisseur
(54 Spielfilme, u.a. Die Vögel, Vertigo, Psycho, Das Fenster
zum Hof, Familiengrab, Frenzy…)

Heirate niemals eine
Leiche, heirate mich!
Gehe nie nackig in eine Dusche
komme in mein Bett!
Schwergewichtiger Mann
sucht spätsommerbeziehung
zu junggebliebener Lady.
Angebote an ...

Die Helden Achill und Hektor im Kampf vor den Mauern von
Troja, 13. Jh. v. Chr. nach der Ilias des Homer
(nach einer Darstellung im Internet, unbek. Verfasser)

Homer
etwa 2. Hälfte des 8. Jh. v. Chr.,
griechischer Autor der Ilias und der Odyssee, frühester Dichter
des Abendlandes (ob Homer blind war, ob er überhaupt gelebt
oder ob gar ein anderer die Epen geschrieben hat, ist nicht
nachweisbar…)

Der Wind weiß. was mir fehlt
Tisch, Krug und 2 Becher nenn ich mein eigen
Minimalistisch des Hauses einziger Glanz
und sollte ich unter Mangel mal leiden,
wär das nicht tragisch, eher 'ne Chance
Nur meine Laute darf nicht einsaitig sein
Wie's auch mir nicht gefiele –
Blieb ich noch länger allein: mobilunverzagt@com

Huch, Ricarda, Octavia
1864-1947
deutsche Schriftstellerin (u.a. Der Fall Deruga,
Der letzte Sommer)

R.K.

Huch, leider hat es beim 1. Mal nicht geklappt.
Also dann, hier ist der 2. Versuch, dieses Mal mit Bild!
44-jährige Filologin
1,62 m, gesch., o.Anhang, berufl. engagiert, gut anzusehen,
sucht ungebundenen Mann o. finanzielle Interessen, der ihr die
Phlausen austreibt, Raum 7 läge nah, ZW 79573

Jackson, Michael Joseph
1958-2009
US-amerikanischer Pop-, Soul-, R&B-, Funk-, Disco- und
Rocksänger, Tänzer, Songwriter, Autor, Filmproduzent und
Musikmanager, „erfolgreichster Entertainer aller Zeiten"
(*Guiness-Buch der Rekorde*), „King of Pop".

Wer möchte mit mir musizieren?

Obwohl von der rosa Wolke gestürzt, würde ich gerne wieder hinaufsteigen – nur anders, sie könnte auch grau sein. Mal bin ich, 7, 25, 40, mal drunter mal drüber, dies hängt ganz von meiner Gefühlstimmung ab. Im sympathischen Äußeren steckt auch noch – leider? – etliche Intelligenz und Weiblichkeit. Andere Vor- und Nachteile werden nur bei Zuschrift preisgegeben.

Kafka, Franz
1883-1924
Tschechisch-österreichischer Schriftsteller (u.a. Die
Verwandlung, Das Schloss, Der Prozess)

Bücherwurm, oder - Käfer

Möchte gern mit Bücherfrau durchs Laub rascheln,
Schatten lichten, bis in die Nacht neue Horizonte verdecken –
ich habe ein warmes Herz, aber nachts
kalte Füße. Zuverlässige, belastbare und praktisch veranlagte
Partnerin gesucht, Ihre freundliche
Zuschrift erbeten unter Chiffre

Marx, Karl
1818-1883
deutscher Gelehrter, Philosoph (Das Kapital)

R·K..

In der Sonne sitzen und Dein Geld zählen…

wäre die beste Möglichkeit, das Leben zu geniessen!
Wo ist die altruistische Millionärin, der ich,
selbst völlig mittellos, die neue Lebensaufgabe bieten
kann? Millionäre – vereinigt euch mit den Armen,
Amen!

Kinski, Klaus
1926-1991
Deutscher Schauspieler

Typ verkrachte Existenz,
is nix, hat nix, kann nix, desinteressiert, bequem,
schüchtern, langweilig, undurchsichtig, 43, 175,
schlank, schmal, älterwerdend, unfreundlich, nett, jähzornig,
hasst Politik, Leistung, Raserei, mag FKK, Erotik, Spiel,
Edgar Wallace, träumt von: Nebenrollen, Lieben, Leben,
heiler Welt, Harmonie. Schreib mir mit Bild

Le Corbusier (eigentl. Charles-Eduard Jeanneret-Gris)
1887-1965
Schweiz.-franz. Architekt, Maler, Bildhauer (17 seiner Bauten
sind UNESCO.Welt-Kulturerbe, u.a. Villa Savoye, Wallfahrts-
kapelle Notre Dame du Haut, Regierungsviertel Chandigarh,
Häuser in der Weißenhof-Siedlung/Stuttgart, im Hansaviertel/
Berlin, in Marseille)

Eigentlich bin ich mit meinen Modulor verheiratet, der mir
alles vorsagt, aber wenn Deine Wünsche auch meine sind,
würde ich – agiler ideenreicher Profi – für Dich und mich gerne
eine passenden unité d'habitation bauen …angebisen? Dann
antworte mir unter LC 5678

Leibniz, Gottfried Wilhelm
1646-1716
deutscher Universalgelehrter (Jurist, Philosoph,
Mathematiker, Historiker)

Bist Du neugierig auf einen belesenen
Mann mit Niveau?
Dann zögere nicht, heraus aus der Niederungen,
zu mir auf das Podest in der Leipziger Uni!
Ich möchte aber keine Frau, die so
anspruchslos ist, dass sie mich mag!
Dafür gibt's den anderen Leibniz.

73

Lenin, Wladimir Iljitsch
1870-1924
Russischer Politiker, Begründer der Sowjetunion

Alle reden von Leistungsgesellschaft –
wer leistet mir Gesellschaft?
Mit dem Herzen auf dem linken Fleck bist Du bei mir –
50-jähriger Stier in ltd. und abwechslungsreicher Stellung -
auch der Unterbau stimmt, gut aufgehoben:
Bis lebenslänglich.

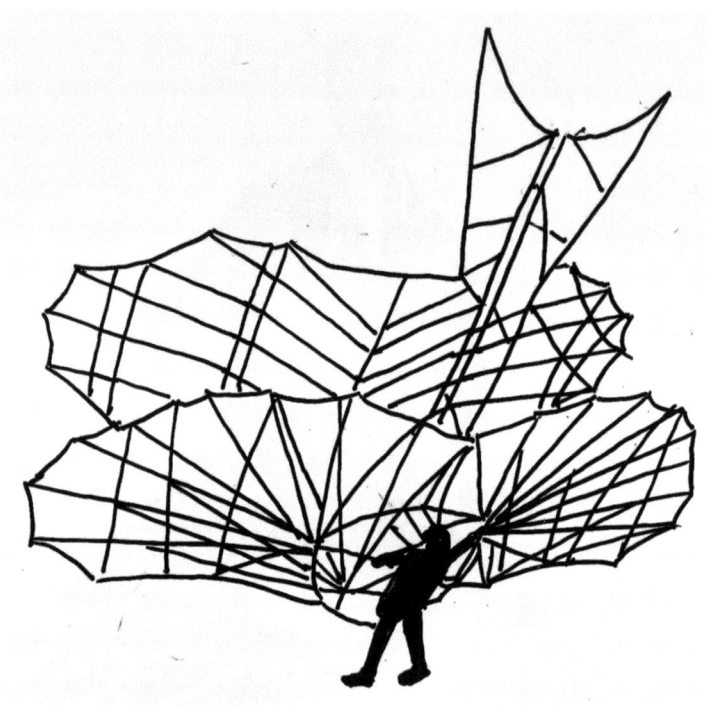

Lilienthal, Karl Wilhelm Otto
1848-1896
Deutscher Luftfahrtpionier, erster menschlicher Gleitflügler,
(1. Flugzeugfabrik der Welt, 1894)

Es gibt mehr Ding' im Himmel und auf Erden

als Eure Schulweisheit sich träumt, Horatio (Shakespeare,
Hamlet I, 5) – Suche eine sehr leichte Dame, um mit mir – Dir?
in den Himmel zu fahren. Denn „Ehen werden im Himmel
geschlossen." OSTSEEZEITUNG, Anklam, Chiffre KWOL 78

Löw, Joachim („Jogi ")
*1960,
deutscher Nationalfußballtrainer 2006-2020

Noch bin ich nicht am Ende

und deshalb brauche ich jedes Jahr frische Jungs, die nix anderes im Kopf haben als Fußball. Und die nix anderes können als Fußball Denn das Runde muss in das Eckige. Wir zahlen Millionen. Meldet Euch >euerlöwe@dfb.de>

Ludwig II., Otto Friedrich Wilhelm von Wittelsbach
1845-1886
König von Bayern (1864-1886), leidenschaftlicher
Schlossbauer, „Märchenkönig"

Meine zweite Hälfte

ging mir verloren. Wo bist Du? Spiele nicht
länger mit mir. Komm zur besser –
bald fertig … Neuschwanstein, Linderhof
oder Herrenchiemsee…? Sei kein Frosch,
sei meine Braut!

Der Große Steuermann
Mao Tse Tung
1892-1976
Chinesischer Politiker, Staatspräsident

YIN SUCHT YANG

Mit Bereitschaft zu Veränderungen, Mut zum Risiko und
Begeisterung für das Außergewöhnliche, Ich bin Kommunist,
werde trotzdem mein…

Maradona, Diego Armando
1960-2020
Argentinischer Fußballspieler und Nationaltrainer.
Innerhalb von 4 Minuten erzielte er zwei der berühmtesten
Tore der Fußballgeschichte im Spiel gegen England 1986

Ich, Supermann, Sportskanone

suche warmherzige, anschmiegsame Kosmopolitin, die
ohne mich nicht mehr leben kann, inmediatamente!

Mich besteigt keiner …eher umgekehrt.

Messner, Reinhold
*1944
Tiroler Extrembergsteiger, Schriftsteller

IKARUS ,93

Von Höhenflügen durch feministische Eiseskälte und glühende
Hitze einer fernen Muse unversehrt zurück, wünscht, bescheiden geworden, nur noch eine liebklugschöne Frau für immer in
der Nähe zum Teilen von Freud und Leid (175, 60, 48 J.) Dein
überzeugender Bildbrief wird beantwortet gspusi@com.it

Miller, Henry
1891-1980
US-amerikanischer Schriftsteller (u.a. „Wendekreis des
Krebses", „Wendekreis des Steinbocks")

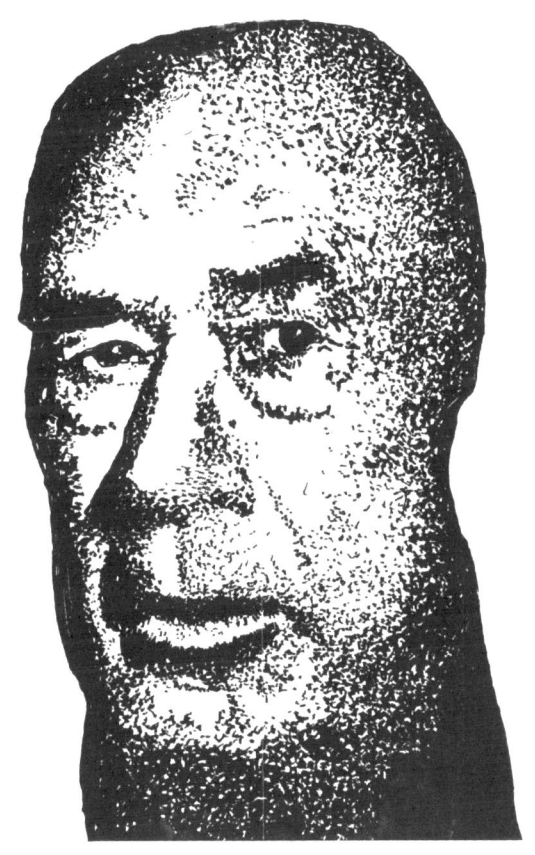

Wenn Arbeit erotischer wird als eine Frau, dann stimmt
wohl etwas nicht mehr. Deshalb

WANTED
eine Frau, die einen Mann sucht, der eine Frau sucht, die einen
Mann sucht für kurzfristiges Joint-Venture, Spannung und
Erotik. Just do it!

Mitterand, François
1916-1996
Französischer Politiker, Präsident (1981-1995), berühmt für
seine „grands projets", u.a. Louvre-Pyramide, National-
bibliothek, Grande Arche… s. Bild rechts)

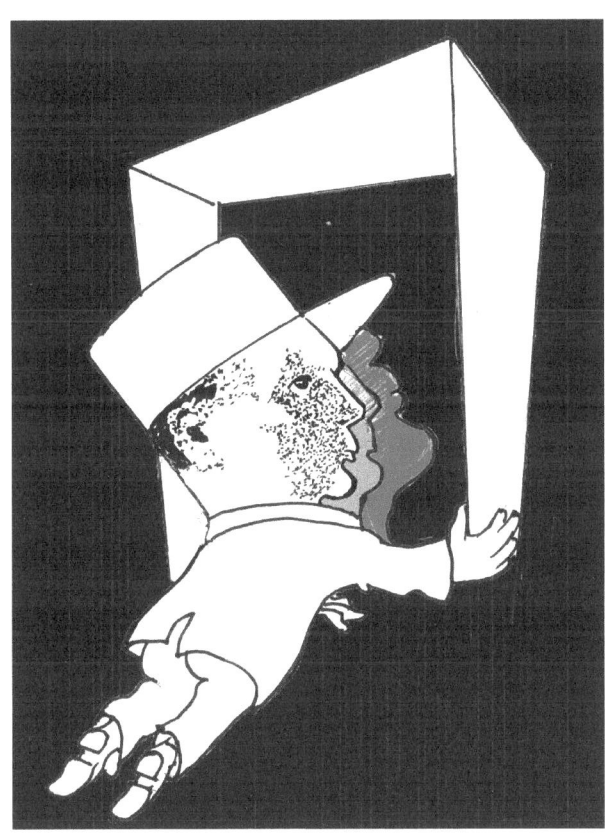

Früher war ich jung und schön

Aber jetzt machts nur noch Spaß zu zweit, zu dritt …
Frankohlphiler sucht überall die Grande Nation, Dich,
sucht in der Arche Noah, in der Pariser Sintflut, ich weiß, Du
bist da, am Rand oder in der Mitte, und ich rette Dich!

Montserrat, Caballé (eigentl. Maria de Montserrat Bibiana
Conceptión Caballá i Folch)
1933-2018
Spanische Opernsängerin („die letzte große Operndiva")

Hier dargestellt mit **Sir Simon Rattle**, *1955,
britischer Dirigent, beim Zähneputzen.
(von 2002-2018 Chefdirigent der Berliner Philharmoniker)

Wildes Herz, Opernsängerin, molto vivace,

sehr attraktiv&vollschlank&klug, suche singuläres Pendant, am
liebsten Skifahrenden Nichtraucher im Raum Katalonien mit
Zeit für die Unendlichkeit. mont@gmx

Kommt ein Vogel geflogen

Nach der drastischen Bestrafung der Menschheit durch die Zweiteilung aller bisherigen Mannweiber (wie von Plato geschildert), hatten und haben alle Betroffenen immer noch erhebliche Schwierigkeiten, ihre abgeteilte Hälfte wieder zu finden.

Bei den meisten Völkern kümmert sich die eigene Familie darum, das geeignete Pendant zu finden. Oft werden jedoch sogar Amor bzw. Eros (mit Pfeil und Bogen) oder Heilige wie Antonius, Valentin, Maria Knotenlöserin zu Rate gezogen. Auch die sog. Liebe wurde eingeschaltet, wobei dabei auch „trial and error", also Mehrfachversuche oder Haremslösungen toleriert werden müssen. Sogar Vögel waren beteiligt, was eigentlich nahe liegt, wie Volkslieder zeigen:

Mutter, Anne-Sophie * 1963, deutsche Violinvirtuosin, ist mit Stradivari verheiratet, der täglich gestreichelt sein will.

Das aber konnten musikalisch Angebetene antworten:

Alle Vögel sind schon da,
alle Vögel alle!
Welch ein Singen, Musiziern,
Pfeifen, Zwitschern, Tiriliern!
Geige will auch
vi-o-liern,
kommt mit Klang und Schalle.

Napoleon und schoß war klein, sah rot
mit der Kanone tot
fast alles, was
sich größer fühlte,

bis ihm dasselbe Schicksal blühte.

Napoleon, Bonaparte
1769-1821
Französischer Kaiser (1804-1814), er wollte mehr als
Frankreich, musste mit der Insel St. Helena vorlieb nehmen.

Zupackender zärtlicher Selfmademan, besitzergreifender
Kosmopolit, 1.66m, möchte seine letzten Tage
- mit Dir auf einer fernen Insel -
verbringen. Trostreicher Dame von Welt, erfahren und
nimmermüde, bietet kleiner agiler Schwerenöter letzte
Chance! F 1815

Nietzsche, Friedrich
1844-1900
deutscher Philosoph (u.a. Die Geburt der Tragödie aus dem
Geiste der Musik, Also sprach Zarathustra, Menschliches allzu
Menschliches, Jenseits von Gut und Böse, Die fröhliche
Wissenschaft,)

Liebe – ein größeres Geheimnis als der Tod

Erfolgreicher armer promovierter Bartträger, imposante
Erscheinung, Übermensch, sucht **seine bessere Hälfte:**
blondine Muse, die ihn inspiriert und die beseelende,
ekstatische große Liebe in Germania erstrebt,   Chiffre …

Elvis Aaron Presley,
1935-1977,
US-amerikanischer Sänger, Musiker, Schauspieler (in 31 Spiel-
filmen), „King of Rock'n Roll", erfolgreichster Solo-Künstler
weltweit

100

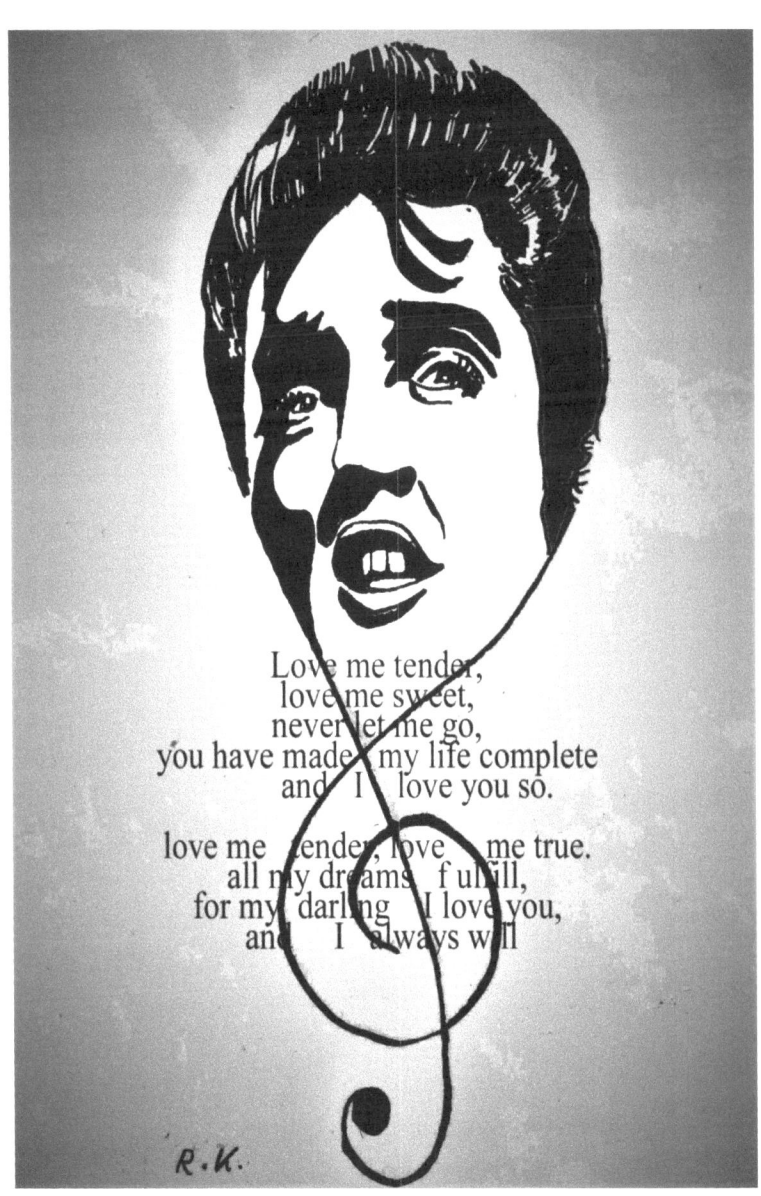

Love me tender,
love me sweet,
never let me go,
you have made my life complete
and I love you so.

love me tender, love me true.
all my dreams fulfill,
for my darling I love you,
and I always will

R.K.

Reich-Ranicki, Marcel
1920-2013
deutsch-polnischer Autor, Literaturkritiker

Belesener Bücherwurm mit zupackendem Biss

sucht die unbedruckte Würmin zwecks gemeinsamer Erkun-
dung im bedruckten Revier, Raum F und weiter. Jede Zuschrift
wird sorgfältig gewürdigt und redigiert.

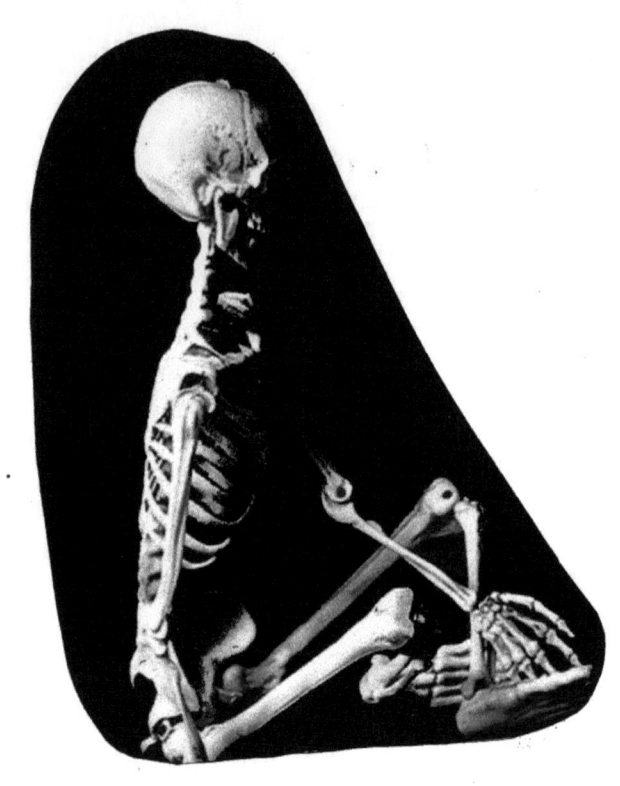

Röntgen, Wilhelm Konrad
1845-1923
Deutscher Physiker, Nobelpreis (Physik) 1901

Kontakt bindawobistdu@gmx.de

Keine Sorge, ich will Dich doch gar nicht durchleuchten,
er-leuchtet wirst Du sein – ich bin Deine bessere Hälfte!

Sitzen ist besser, als stehen,
und liegen ist besser, als sitzen:
Besser, als liegen, ist schlafen,
und besser als schlafen,
ist todt seyn.

(Arthur Schopenhauer)

mit Pudel Atman (=Weltenseele)

Schopenhauer, Arthur
1788-1860
deutscher Philosoph (Die Welt als Wille und Vorstellung)

Heiraten heisst, mit verbundenen Augen in einen Sack greifen und hoffen, dass man einen Aal aus dem Haufen Schlangen herausfinde (Schopenhauer). Wer will noch mal?

107

Alle Männer haben sich meistens in mir getäuscht.
Aber wenn Du, m/w/d, es auch noch einmal
probieren möchtest, .bist Du bei mir, 40, 160,
PLZ –Bereich 42, herr-zlich willkommen.
Zuschriften b.m.B., unter AS…

Schwarzer, Alice
*1942
deutsche Journalistin, Herausgeberin „EMMA"

R.K..

Na, wer traut sich? Kommunikatives Powerpaket sucht mutiges
Pendant. Offerte an „EMMA"", ALSC 1942

Erste Elektroeisenbahn mit Oberleitung, nach einem Foto

Siemens, Werner von
1826-1892
Deutscher Erfinder, Elektroingenieur und Industrieller
Zusammen mit Johann Georg Halske gründete er in Berlin die
Telegrafen-Bau-Anstalt Siemens&Halske, aus der der weltweit
größte Elektro- und Technologie Konzern hervorging.

Voller zündender Ideen
Gut geerdetes Mannsbild magnetisch – induktiv, bietet cou-
ragierter und neugieriger Dame alles, was sie noch nie kannte,
vom Bügeleisen bis zum Eierkocher, vom Grillofen bis zum
Kühlschrank, alles, was die emanzipierte Frau von heute
braucht. >sieundich@gmx.de

Solschenizyn, Alexander Missajewitsch
1918-2008
Russ. Schriftsteller (u.a. „Archipel Gulag", Krebsstation")

Ich möchte nicht so enden wie Hemingway, Wein jedoch
geniessen wie J.W. von Goethe. Ich möchte nicht so leben
wie der Sonnenkönig, jedoch die Strahlen des Lebens
erhaschen.
Entwirrter ambulanter Krebspatient, 70, sucht Frau für Leben und Sterben im Landhaus . Möglichst baldige Zuschrift,
da mir ein langes Leben nicht geschenkt wird….

Süskind, Patrick
* 1949
deutscher Schriftsteller und Drehbuchautor (u.a. Das Parfüm,
der Kontrabass, Monaco-Franze…)

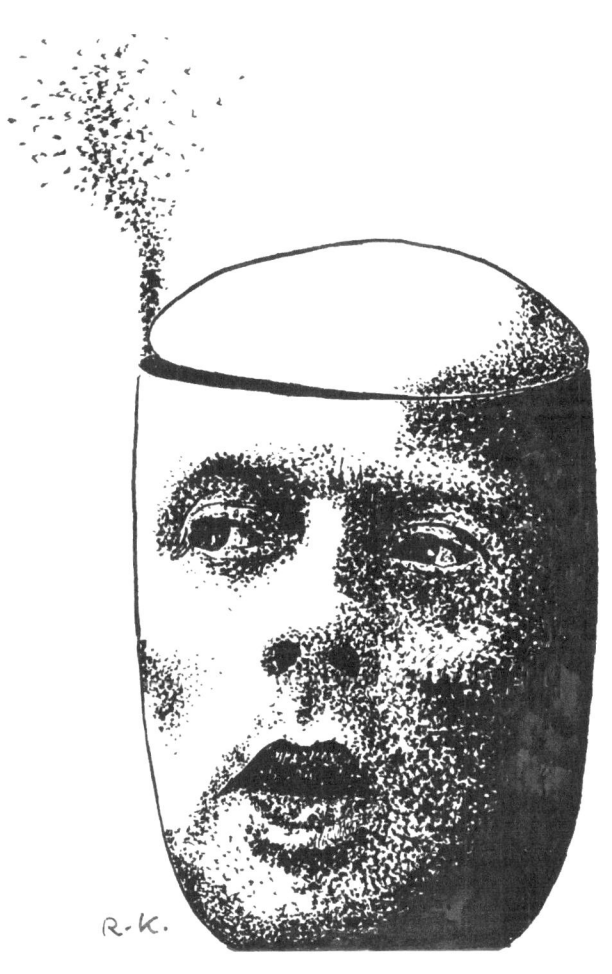

Nicht der DUFT DER GROSSEN WEITEN WELT
Dein Parfüm
wird uns vereinen, unser Lebensodem sein.
Alle Pforten meines Leibes werden für Dich geöffnet sein,
bereiten die Ekstase von Herz und Seele. Süß?

115

Thunberg, Greta,
*2003
schwedische Schülerin, Gründerin
der Klimaschutzbewegung „Fridays for Future"

Twain, **Mark** (eigentl. Samuel Langhorne)
1835-1910
US-amerikanischer Schriftsteller (u.a. Abenteuer des Tom
Sawyer und des Huckleberry Finn, Bummel durch Europa)

Creative but down to earth

Single American intellectual Super-
Man with zest and sensitivity looking
for something different, pretty woman
welcome. No fixer please. Picture will
be returned. FL 849201

„Schmalhans, was gibt's heut zu essen?"
„Ach – ich hab das Fleisch vergessen…"
„Kein Problem" sprach Vincent Gogh,
„nimm dies Ohr und brat es noch
mit Ohrenschmalz und möglichst zart,
doch lang genug und nicht zu hart!

van Gogh, Vincent
1853-1890
Niederländischer Maler

Schon der Gedanke an Dich lässt mich erzittern – bis an
die Fingerspitzen! Dabei suche ich – noch unbekannter,
ehrlich erschrockener Ölmaler – eher das Gegenteil, eine
verlässliche reiche Frau, die meinen Haushalt führt und mir
endlich ein sorgenfreies Leben schenkt, das mich
wiederum für Dich zittern läßt...
denn ich habe nur noch ein Ohr ...

Waalkes, Otto
*1948
Deutscher Komiker

Friesland!

Die Novemberstürme entblättern die Bäume,
wann entblätterst Du Dich? Zärtlicher
Lausbub sucht Frau, die kein Blatt vor
den Mund, sondern ein Blatt Papier nimmt
und mir endlos schreibt. O Emden,

Wagner, Richard
1813-1883
deutscher Opernkomponist (u.a. „Die Nibelungen")
Auf dem grünen Hügel in Bayreuth steht „sein" Opernhaus.

Ein Musikus

gesucht, gebt dem Pferd die Zügel, reitet auf den Grünen Hügel
ein Musikus, weiß immer was er spielen muss, doch im
Duett im Bett mit Dir wär's schöner, willige Partnerinnen zum
Vorsingen die auch meine Noten ordnet …, dort alles Weitere!

Dass ich auf meine alten Tage,
den Dampf erfunden habe?
Das ist ja gar nicht wahr –
Der war schon vor mir da !

James Watt
1736-1819
Schottischer Konstrukteur, Dampfmaschinenverbesserer

Herzensguter, warmherziger und trotzdem tatkräftiger,
energischer Mustergatte in spe bietet Dir, kühle Jungfrau,
geborgenes Heim, ein Leben wie „sugarbaby" in Zuckerwatte,
um das Dich jedes Grafenfräulein beneiden wird, marry me! -
Edinburg Daily, Mac N 120-Watt.

Katharina Witt
*1965
deutsche Eiskunstläuferin, mehrfache Olympiasiegerin

128

Ein Mägdlein steht alleine, auf einem Bein.
Wer mag denn wohl der Retter von diesem Mägdlein sein?
Ruckedigu, wo ist mein Schuh?
Sachdienliche Hinweise nimmt jeder … entgegen.

Die Ehe
ist ein Versuch,
zu zweit mit den Problemen
fertig zu werden,
die man allein nie gehabt hätte.
(W.A.)

Woody Allen (eigentl. Allen Steward Königsberg)
*1935
„US-Stadneurotiker", Filmregisseur

Es wäre wunderbar, mit Dir kulturaffin,
attraktiv und natürlich, anregende Auszeiten
und intime Momente auf Augenhöhe
kuschelig zu genießen,
BmB an NY-Times, XM-XL 397

Zarah Leander
1907-1981
schwedische Sängerin, Schauspielerin,
(Lied aus „ Die große Liebe" 1942

Ich weiß es wird einmal ein Wunder gescheh'n
Und dann werden 1000 Märchen wahr,
ich weiß so schnell kann keine Liebe vergeh'n,
die so groß ist und so wunderbar.
Dagens Nyheter, matrimonium Z 666

Zeppelin, Ferdinand (Heinrich, August) Graf von
1838-1917
deutscher Kavalleriegeneral, Begründer und Entwickler des
„Starrluftschiffbaus", der erste Zeppelin ging 1909 über dem
Bodensee in die Luft.

134

Was ich habe,

wirst Du bei keinem anderen finden. Unsere Hochzeits-
reise wird alles übertreffen! ferdinandZepp@com,

Herr Zuse sitzt allein zu Haus
Und denkt sich den Computer aus.
Doch als er fertig war, sprach der:
„Jetzt brauch ich keinen Zuse mehr."

Ernst Otto Konrad Zuse
1910-1995
Deutscher Bauingenieur, Entwicklung des ersten
funktionsfähigen Computers der Welt (1941)

Suche das kleine Mädchen, das noch mit ihrem Teddybär
gespielt hat … versuche es mal mit mir, dem technischen
Wunderkind mit künstlicher Intelligenz, dem PC, der bald in
jedem Kinderzimmer unentbärlich sein wird. Schmusibär vom
Zusimann: www.zusi@com.de

Teil 2

Mit unserer Kontaktanzeige waren wir erfolgreich.
Wir haben unsere andere Hälfte wieder gefunden.

Adam und Eva

Gott hatte mit seiner Schöpfung nur einen einzigen Menschen erschaffen, „aber für den Menschen ward keine Gehilfin gefunden, die um ihn wäre… und er nahm eine seiner Rippen … und Gott der Herr baute ein Weib aus der Rippe und brachte sie zu ihm. Und sie waren beide nackt, der Mensch und sein Weib und schämten sich nicht." (I. Mose, 2, 20-25, Bibel, übersetzt durch Martin Luther)

(Erschaffung von Eva aus Adams Rippe: nach Wandrelief am Dom von Orvieto, um 1320, unbek. Künstler)

(Nach Apfel-Sündenfall und Vertreibung aus dem Paradies: Adam arbeitet, Eva nährt Kain und Abel (nach Holzschnitt von M. Wolgemut, Schedelsche Weltchronik, Nürnberg, 14/15. Jh.)

Liebe Eva, Du bist die einzige Frau der Welt, die ich liebe, ich, Adam, habe deshalb einen neuen Apfel für Dich gemacht, es wird alles wieder gut, melde Dich, wir fliegen mit TUI zurück ins Paradies!

141

Kaiserpaar Auguste und Wilhelm II

Die Kaiserin bei der Taufe auf der Stettiner Vulkan-Werft

Wilhelm II (Friedrich Wilhelm Viktor Albert von Preußen, 1859-1941 letzter deutscher Kaiser, heiratet 1881 **Prinzessin Auguste** (Viktoria Feodora Jenny) von Schleswig-Holstein-Sonderburg-Augustenburg, 1858-1921. Die letzte deutsche Kaiserin tauft 1905 das größte Schiff der Welt auf den Namen: Kaiserin Auguste Viktoria. Es ist 213 m lang und hat 24 581 BRT.

Hengst sucht Stute

X-mal blühende Weiden erlebt, dunkles und gesundes Fell,
eher Araber als Ackergaul, gut gewachsen, sehr schmuck,
wachsam und spontan, Leittier, Papapferd, isst nur beste
Haferflocken, möchte eine Wiese teilen mit liebevoller und
kluger Gefährtin, alte Zäune überspringen und freut sich auf
Antwort mit Bild

Beauvoir und Sartre

Je ne trouve pas les mots

Jean Paul Sartre, 1905-1980, französischer Philosoph,
(Existenzialismus), Dramatiker: mehr als ein Freund von
Simone de Beauvoir, 1908-1986, französische Schrift-
stellerin, Philosophin, Feministin

Wenn der holde Frühling glänzt, Frau sich in den Veilchen
lenzt, und mit vielem frischem Mut, Schittlauch in das Rührei
tut – kreisen durch des Menschen Säfte neue ungeahnte
Kräfte, jegliche Verstopfung weicht, alles wird ganz froh und
leicht – und das Meine fragt sich still: ob mich diesmal einer
will? Intelligenzbestie", Mittvierzigerin, femme fatale et
scandaleuse sucht ihr Pendant, spaziere täglich im Jardin de
Luxembourg.

145

Benz, Bertha und Carl

Cäcilia Bertha Benz, (geb.Ringer), 1849-1944, deutsche
Pionierin des Automobils, 1. autofahrendender Mensch,
heiratete 1872

Carl Benz, 1844-1929, deutscher Ingenieur,
Erbauer des 1. Autos 1885/86
Das fahrerlose Auto haben die beiden nicht erfunden

Ich möchte mal wieder ...

... ein quietschendes Auto fahren, mit Dir in der Badewanne plantschen, vor einer Pfütze stehen, in ihr den ganzen Ozean sehen und mit Dir über die Stränge schlagen, bevor es zu spät ist ... aufrichtige Angebote

Brecht und Weigel

Helene Weigel, 1900-1971, österreichisch-deutsche
Schauspielerin („Marketenderin Mutter Courage"), Intendantin
Theater am Schiffbauerdamm, Berlin), verheiratet mit
Bertold Brecht, 1898-1956, deutscher Schriftsteller

Ich habe mich gefunden,

wer findet mich? Bindungsfreudiger Mann sucht Frau,
die mich auch sucht. Wo bist Du? Neues Deutschland,
Chiffre …

Casanova und 116 Frauen

Kupferstich aus: G.G.Casanova, Geschichte meines Lebens,1872

In seiner Biographie hat Casanova 116 Frauen erwähnt. Literaturwissenschaftler vermuten jedoch, dass es einige 1000 gewesen sein dürften. Damit wäre er der erfolgloseste Sucher seiner 2. Hälfte gewesen …

Giacomo Girolamo Casanova, 1725-1798
Venezianischer Schriftsteller, Abenteurer, Hochstapler,
Frauenverführer

Des Jünglings Leidenschaft ist nur Dampf; des Mannes Liebe
ist die reine Flamme, und noch als Greis wärmt er sich an den
Kohlen. (August von Kotzebue, 1799). Darum komm, wer auch
immer, Kohlen anbrennen!

Charles und Diana

Charles, 1948*, Prince of Wales
1. Heirat (1989) mit
Diana, 1961-1997, Princess of Wales
2. Heirat (2005) mit Camilla, Duchess of Cornwall

Joint venture?

Wo ist er, der intelligente, selbstbewusste Mann, wahnsinnig erfolglos, aus schlechtem Hause, weder führend noch leitend, jedoch mit Sinn für …dieser Versuch einer Partneranbahnung blieb erfolglos.

Schneewittchen, (20-40), 1,50-2,00, mit oder ohne kleine Zwerge, mit viel Herz und Busen zum Schmusen oder sonst wo, gesucht vom Prinzen – dieses Märchen könnte wahr werden: Schreiben Sie an …Princess 1948

Christo, Jeanne Claude und Wladimir

Christo (Christo Wladimirov Jawaschew), 1935-2020, bulgarischer „Verpackungskünstler" und

Jeanne-Claude (J.-C. Denat de Guillebon), 1935-2009, französisch-marokkanische Künstlerin lebten seit 1958 zusammen und bildeten ein bekanntes Künstlerehepaar.

Christo in Aktion: Verhüllung des Berliner Reichstags

Offen für eine neue Beziehungskiste!

- das bin ich, und Du bist es auch? Dann lass Dich doch bitte
von amazon zu mir schicken … wir könnten uns gegenseitig
beim Auspacken helfen!

155

Churchill, Winston und Clementine

Das Ehepaar Churchill spazierte durch den Hyde-Park.
Es wurde von vielen Leuten begrüßt und angesprochen.
Ein Straßenfeger hingegen grüßte Frau Churchill und blieb ein
Weilchen mit ihr im Gespräch. Danach fragte Churchill seine
Frau, was sie so lange mit einem Straßenfeger zu besprechen
gehabt hätte.
„Ach… er war vor langer Zeit mal verliebt in mich", entgegne-
te sie. Churchill schmunzelte und meinte: „Wenn du ihn gehei-
ratet hättest, wärest du heute die Frau eines Straßenfegers!"
Frau Churchill schaute ihren Mann verwundert an und sagte
die legendären Worte: "Aber nein Darling, wenn ich ihn gehei-
ratet hätte, wäre er heute Premierminister."
(Quelle: web, unbekannt)

Winston Leonard Spencer-Churchill, 1874-1965,
britischer Staatsmann, Premierminister (1940-45, 1951-56),
Nobelpreis für Literatur 1965
heiratete 1908 **Clementine Hozier**, 1885-1977

Dinner for one? No - !
Denn hier ist der passende Mitesser
– 160 Umfang, 140 Gewicht -
aus dem bestem Stall, nobel und
trinkfest, der mit Dir Freud und Leid,
Blut und Tränen, Tisch und Bett
bereit zu teilen isst. Ange…

Columbus, Christoph

Sie hieß St. Maria und war sein Schiff,
er hielt er die Treue, was keiner begriff,
es gab so viele Schiffe so schön und groß,
die St. Maria aber ließ ihn nicht los.

Christoph Columbus (italienisch: Cristofero Colombo)
um 1451-1506
italienischer Seefahrer in kastilischen Diensten, Entdecker der
Neuen Welt, verheiratet mit der Karacke St. Maria – sowie mit
den Karavellen Nina und Pinta 1492 in See.

Wo, bessere Hälfte, bist Du, rund und mollig?

Du zweibeinige Nixe, die mit mir die Welt aus den Angeln
hebt, bist Du startklar für Indien, das Land der Wieder-
geburten? Schick mir Deine Flaschenpost, ich
warte auf Dich!

Curie, Pierre und Marie

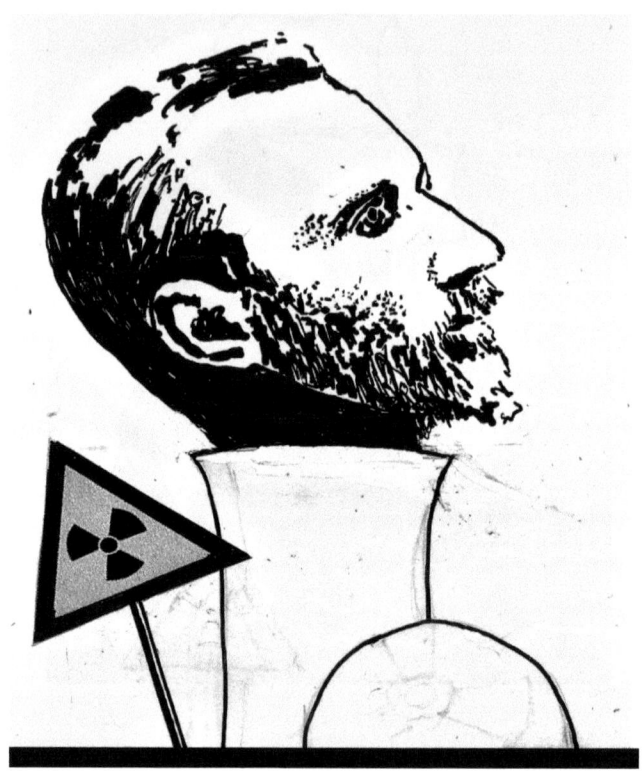

Pierre Curie, 1859-1906, französischer Physiker,
Entdecker des Radiums zusammen mit seiner Ehefrau
(Heirat 1895)

Marie Curie (Marie Salomea Sklodowska), 1867-1934,
polnisch-franz. Physikerin und Chemikerin

Meine Ausstrahlung,

größer als die von Radium oder Uran, wird auch Dich
anstecken, zu unserer Kernfusion und zu Nobelpreisen führen
und die Welt erschüttern. Kontakt: Force de
frappe, papperlapapp – 1945

Dali, Salvador und Gala Eluard

Die ehem. Russin **Gala Eluard Dali** (Jelena Dmitrijewna Djakonowa), 1894-1982, Muse zahlreicher Künstler wie für den Dichter Paul Eluard, den Maler Max Ernst und zuletzt für den Bildhauer und Maler

Salvador Dali, 1904-1989, spanischer Maler und Bildhauer, den sie 1934 heiratete

Wieso machen Sie Ihr Chaos immer noch selbst?

Jetzt lernen Sie erst mal mich kennen: Mitte 40-70, 167-176, Uhrenkaputtmacher, Löffelverbieger, Tigerbesieger, ich mache, was ich fühle und will und mache es auch mit Dir. Versprochen. Vamos, ole!

Dante Alighieri und seine Muse Beatrice

(nach einer Buchmalerei aus dem 14.Jh.)

Dante Alighieri, 1265-1321, italienischer Dichter und
Philosoph (die Göttliche Komödie) verliebte sich als 9-Jähriger
in eine 9-jährige Beatrice, die ihn erweckte und über ihren
frühen Tod (1290) hinaus sein Leben und Werk bestimmte…
fraglich ist, ob sie je als historische Person oder nur als
literarische Fiktion existierte (Wikipedia)

(nach Salitatio of Beatrice, Gabriel Rosetto (1828/82)

Nach Hölle und Fegefeuer

suche ich meine bessere Hälfte, die mir im Paradies zu
Erkenntnis, Liebe und einer Audienz bei Gott verhelfen kann.
Ich (armer Poet, sündig, treuherzig und gutgläubig) werde Dich
ewiglich lieben. Osservatore Romano

Dick und Doof

Dick (Oliver Hardy) 1892-1957
Doof (Stan Laurel) 1890-1965
Die beiden US- amerikanischen, englischen
Schauspieler drehten von ca.1921 bis 1951 107 Filme

Eine Künstlerseele, Ende Dreißig, träumt
noch von der sinnlichen Frau, mit dunkel-
gold-rötlichen lockigen Haaren, schönen
Augen und proportionierten Gesichtszügen
und einer artikulierten rubensartigen Figur,
deren Seele bei der Wärme der R E I N E N
L I E B E bereit zu schmelzen wird. Die
Liebe — der göttliche Ausdruck des Lebens
— ist das intensivste, dauerhaft berei-
cherndste Erlebnis und die Voraussetzung
aller Künste.

ZD 6658

167

Dietrich, Marlene und Janning, Emil

Marlene Dietrich, 1901-1992, deutsche/US-amerikanische
Schauspielerin, hier im Film der „Blaue Engel" mit Professor
Unrath gespielt von
Emil Jannings (Theodor, Friedrich, Emil Janenz), 1884-1950,
deutscher Schauspieler

Ich habe genug gespielt,
jetzt will ich Ernsthaftes.
Meine Wünsche: Dopamin
im HIrn, Melanin in der Pupil-
le und Adrenalin, wo nötig.
Tänzerisch begabt, formschöne
Akademiker wenden sich
bitte an

R.K..

Elizabeth und Philipp

Queen Elizabeth (Alexandra, Mary) II (*1926)
Britische Königin von Großbritannien (seit 1952) verheiratet
(seit 1947-1921) mit
Prinz Philipp von Griechenland, Duke of Edinburgh,
(1927-2021)
Marineoffizier, Prinzgemahl. Bekannt wurde er durch seine
Sprüche. Zu Nigerias Präsidenten meinte er mit Blick auf
dessen folkloristische Bekleidung: „Sie sehen aus, als wollten
Sie gleich zu Bett gehen."

Dame sucht König

Um gemeinsam ein neues Spielchen zu wagen und zu
gewinnen. DAME, 27, 5,4 ft. schlk., spielerfahren, steht gern
auf den Feldern Kunst, Musik, Sport (Reiten), Politik, „to be
amused" but not by anybody, awaiting another Royal Highness
in Windsor Castle … invite Yourself and come in!

Erhard, Ludwig

…und ist doch rund und schön!
Neben all den dünnen Männern hier und da mal was
Besonderes: dick, aber attraktiv; rund, aber klug;
füllig, aber gemütlich. Suchen Sie einen Mann?
Ich bin leider nicht mehr zu haben
(seit 1923 verh. mit Luise Schuster, dt. Volkswirtin
(1893-1975)

Ludwig Erhard (1897–1977), deutscher Wirtschaftsminister,
Bundeskanzler von 1963-1966

Nach dem II. Weltkrieg wurde ich der „Vater des deutschen
Wirtschaftswunders" und bin selbst das größte Wunder. Denn
ich wiege so viel wie zwei Menschen. Ich trage also meine
bessere Hälfte, die viele Menschen suchen und niemals finden,
immer bei mir. Daher werde ich von besonders vielen Frauen
umlagert. Ich aber sage Euch: Gehet von mir, ich und Luise -
mir selbst genug!

173

Goethe, Christiane und Wolfgang

Christiane Vulpius, 1788-1816, Putzmacherin
Johann Wolfgang von Goethe, 1749-1832, bedeutendster
deutscher Dichter

Auch für einen Goethe war die Brautwerbung nicht einfach.
„Schönes Fräulein darf ich wagen,
Arm und Geleit ihr anzutragen?"
Sie aber zierte sich:
„Bin weder Fräulein, weder schön.
Kann allein nach Hause gehen."

Er aber blieb hartnäckig:
„Wer immer strebend sich bemüht
Den können wir erlösen!"

Ja, mit Christiane klappte es. 1806 heirateten die beiden.

James Bond

James Bond (Sean Connery), 1930-2020,
schottischer Schauspieler, Geheimagent 007, mit
der Lizenz zu töten

Bond hat nachweislich keine Kontaktanzeigen aufgegeben, um
seine (weibliche) Hälfte zu finden. Er war nicht wählerisch und
liebte sie alle, geschüttelt nicht gerührt, aber immer berührt.
Sein Verhalten zu den Männern dürfte wohl kaum vorbildlich
gewesen sein, sie starben alle und besonders noch vor ihm. Mit
einer Ausnahme:

Bondbeisser

Richard Kiel, (oben rechts) 1944-2014, US-amerikanischer
Schauspieler. Publikumsliebling als „Bondbeisser" oder
„Jaws" (oben links), ein gefürchteter Gegner, 2,18 m groß,   in
den Filmen Der „Spion, der mich liebte" (1977) und
„Moonraker" (1979). … ob er vielleicht Bonds 2. Hälfte war?

Kahlo, Frida und Rivera, Diego

Frida Kahlo, (Magdalena Carmen Frida Kahlo y Calderon),
1907-1954, mexikanische Malerin,
verheiratet 1929, geschieden 1939,
1940 bis 1954 erneut verheiratet jeweils mit
Diego Rivera, 1886-1957, dem mexikanischen Maler, der die
riesigen politisch-revolutionären Wandbilder – „murales" -
geschaffen hat.

(nach Bildausschnitt eines Wandbildes von Rivera)

Ying sucht Yang

mit Bereitschaft zu Veränderungen, Mut zum Risiko und Begeisterung für das Außergewöhnliche. Finde mich! Schwergewichtiger jovialer Charakter.

Münter, Gabriele und Kandinski, Wassili

Gabriele Münter, 1877-1962, deutsche Malerin, hat sich –
obwohl der bereits verheiratet war – 1903 verlobt mit
Wassili Kandinski, 1866-1944, russischer Maler,
Bauhauslehrer

Kandinski Portrait mit typischen Zeichenelementen

…einer wird gewinnen …

Nicht mehr reicher Russki, Emigrant, hat noch kein
Photoapparatschick, brauche ich aber ganz gleich Bild für Pass,
welche allerliebste Frau kann das? Also malt mich?
Oder mehr?? Oder wie ich bin und nicht?

Kennedy, John und Jacqueline

Jacqueline Kennedy (Onassis),
1929-1994, US-amerikanische Journalistin, verheiratet von
1953-1963 mit
John F. Kennedy, 1917-1963, Präsident der USA
und später (1968-1975) verheiratet mit:
Aristoteles Onassis, 1906-1975, griechischer Großreeder
(900 – meist – Öltanker)

„Ein Schiff wird kommen …
und das bringt mir den Einen,
den ich so lieb' wie keinen
und der mich glücklich macht."

(ursprüngl. Lale Andersen, damals gesungen von
Melina Mercuri)

American Dream

Attractive Nonsmoker, academic, reliable, sensitive, with heart and mind for loving, totally America-Fan, dreaming about life in the States, looking for lasting relationship …. Washington Post, box number…

Kerkeling, Hape und Beatrix

(„Bin dann mal weg" Titel seines Buches und Films über seine
Pilgerreise auf dem Jakobsweg)

Hape (Hans Peter Wilhelm) **Kerkeling**, *1964,
deutscher Schauspieler, Autor, Aktionskomiker (als Beatrix
verkleidet versuchte er 1991 in deren Palast einzudringen)

Beatrix (Wilhelma Armanda), *1938, Königin der Niederlande
(1980-2013)

Ach, Ach, Ach!

Trotz Annäherungsversuch wollte die niederländische Königin mich leider doch nicht, das Schicksal hat mir offenbar Anderes bestimmt – nun bin ich zufrieden, verzeiht mir, von weiteren Kontaktversuchen zu mir rate ich ab! Bin dann mal weg …

Kilian, Marika und Bäumler, Hans-Juergen

Hans Jürgen Bäumler, *1942, deutscher Eiskunstläufer,
bildete ein Traumpaar mit

Marika Kilian, *1943, deutsche Eiskunstläuferin,
Das (Nichtehe-)Paar erhielt mehrfache Deutschland- und
Europapreise, Weltmeisterschafts- und Olympiamedaillen

Ich, Flamme im Packeis,

Perle im Unterholz, und Gewinnerin von Gold, Silber und
Verlusten, suche meinen Lebensbe-GLEITER, der mir alles
gibt, was ich noch nicht habe für das gemeinsame „Abheben"
in eine von Liebe, Geborgenheit und Achtung getragene
Beziehung. Chiffre..

Kleopatra und Caesar

...es könnte Leben oder Tod
- so mein Orakel -
Mord oder Selbstmord werden...
wer traut sich trotzdem an mich ran?

Der römische Imperator **Gaius Julius Caesar**, 100-44 v.Chr.,
traute sich auch das zu, und **Kleopatra** bekam einen Sohn,
„Caesarion", er wurde der letzte Pharao …

Kleopatra
69-30 v.Chr.
ägyptische Königin

Lennon, John und Yoko Ono

(Bild ca. 1962)

John Lennon, 1940-1980 (ermordet), britischer Musiker, Beatle, Komponist, „Jahrhundertgenie", heiratete 1969

Yoko Ono, *1933, japanisch-/US-amerikanische Konzeptkünstlerin

(ca. 15 Jahre später: Yoko Ono und John Lennon))

Kopf in den Wolken

Träume statt Trauma, Muße statt Müssen, Zeit, mit Füßen und Seele zu baumeln, fool on the hill wünscht Begegnung zw. NY und London for cooking in the kitchen of love – imagine!

Luther, Martin und Katharina von Bora

Katharina von Bora („die Lutherin"), 1499-1552,
mit 26 Jahren heiratete die Zisterziensernonne 1525 den
Mönch und Reformator **Martin Luther**, 1483-1546

Adam oder Eva

Sie wissen als gläubiger Christ, wie schwer man*frau die „richtige" Partnerschaft findet – darum kommen Sie nach Wittenberg, beten Sie zu Gott oder schreiben Sie mir…

Mann, Thomas und Katharina

Du brauchst, wie ich, ein seelisches Zuhause. Zärtlichkeit,
prickelnde Erotik, intellektuellen Austausch, viel Nähe und
Distanz.
Deine Eigenständigkeit weißt Du zu schätzen.
Liebenswerter, normaler **Mann**, 55, 182, der dem Leben mit
allen Sinnen begegnet, aufgeschlossen für die Welt in uns und
um uns, immer noch lernend, sucht Frau mit Selbsterfahrung
und Selbstwertgefühl, größer als ca. 1,68, die sich stark genug
fühlt, auch mal Schwächen zu zeigen, zum gemeinsamen
Pferdestehlen und viel mehr.
Bildzuschrift an

Thomas Mann
1875-1955
Deutscher Schriftsteller, Nobelpresiträger, heiratete 1905

Katharina („Katia" Pringsheim)
1883-1980, sie hatte 6 Kinder, 1974 erschienen ihre
„ungeschriebenen Memoiren",
…

Du bist in meinem Kopf

Merkel, Angela und Gauck, Joachim

Angela Merkel, *1954,
deutsche Politikerin, Bundeskanzlerin (2005-2021)

regierte als Kanzlerin zusammen mit dem ev. Theologen und
Bundespräsidenten **Joachim Gauck**, *1940,
das wiedervereinigte Deutschland (s. oben) .

Später betörte sie mit ihren Karo-Rauten-Künsten den
bayerischen Ministerpräsidenten **Markus Söder**, *1967.

Spurenwitterung

Im Leben der großen Politik habe ich lange verweilt. Es wuchs
das Haben, aber die Flügel meines Seins fanden immer weniger
Aufwind. Zu grelle Lichter, zu laute Töne .Wie ein Fisch an
Land habe ich eine Masche im Netz gesucht und endlich
gefunden. Nun habe ich Zeit für Dich. Komm!

(In Wirklichkeit hatten diese drei Personen ganz andere eheliche oder
ähnliche Beziehungen)

Modersohn, Otto
Paula Modersohn-Becker

Mínna, Hermine, **Paula Modersohn-Becker**
1876-1907, deutsche Malerin, verheiratet seit 1901 mit

Otto Modersohn, 1866-1943, deutscher Maler, Mitbegründer
der Künstlerkolonie Worpswede

(nach: Otto Modersohn, Moorlandschaft mit Frau 1903)

Als Otto Modersohn (in 2. Ehe) mit Paula
verheiratet war, schuf er dieses Gemälde.
Die Kontaktanzeige (unten) fand sich in seinem Nachlass.

…e s wuchs das Haben, **aber die Flügel meines Seins** finden
immer weniger Aufwind … zu grelle Lichter, zu wenig
Menschen … wie ein Fisch, der im Moor leben soll, suche ich
ein Loch im Netz … hast Du, eine zärtliche Frau, Lust auf
wechselnde Farben und Rhythmen, so werfe ich mich in den
Wind … meine Flügel zittern …

Tinguely, Jean und Niki de St. Phalle

Jean Tinguely, 1925-1991, schweizer Maler und Bildhauer
(„Maschinenkunst"), verheiratet mit
Niki de St. Phalle, 1930-2002, franz.-schweizerische

Malerin, Bildhauerin („Nanas")

Verlass das Unterholz unserer Kunst -

lass mich Deine Notwendigkeit ahnen, ich rufe
Dich in die Gärten der Inbrunst und lade Dich
zum Gastmahl mit Rösti und Trüffeln an wilden
Rosen und Schattenmorellen über springenden
Wassern – bluewin@dry.ch

Nofretete und Echnaton

Nofretete (=die Schöne ist gekommen"), 14. Jh. V. Chr.,
ägyptische Gattin des
Echnaton („der – der Gottheit - Aton dient")14. Jh. v. Chr.,
ägyptischer Pharao,
(im Bild mit zwei – der sechs – Töchter)

Ja, wahrhaftig, die Schöne ist schon gekommen, deshalb suche ich keine andere Frau mehr. Nofretete ist sogar noch viel schöner als ich. Mehr kann ich nicht haben wollen. Beneidet mich, Aton möge mir verzeihen.

Peron , Evita und Juan

Maria Eva Duarte de Peron, "Evita", 1919-1952,
argentinische Radiomoderatorin, Schauspielerin,
heiratete 1945

Juan Peron, 1895-1974, argentinischer General, Minister,
Präsident

Du pflanzt die Rosen, ich pflege sie

Ich lege Holz ins Feuer, du beschützt die Glut.
Frau (25), sucht Mann (40/50), wach, herzlich,
stark, für Liebe und immer, Vision vorhanden

Picasso, Pablo und Dora Maar

Picasso kennen lernen? Dafür muß man heute nicht mehr weit fahren! Nur bis Münster. Spazieren sie dort auf seiner Brust oder auf seinem Kopf herum, das ist kein echter Picasso – aber der Eintritt ist frei!

Pablo Ruiz Picasso
1881-1973
Spanischer Maler und Bildhauer hatte viele „Musen", u.a.

Dora Maar, (1907-1997), franz. Fotografin und Malerin, Model und Muse von Picasso 1936-1943, Buch „Mein Leben mit Picasso"

(Bildnis von Dora Maar 1937)

206

Lust und Liebe zur Kunst?

Und evtl. zu einem originellen, egoistischen und charmanten charismatischen Künstler, der Dich gern in ein millionenschweres Kunstwerk zu verzaubern vermag? DU bist eine gut gebaute Eva mit sex-appeal, Gespielin und Modell… bitte besuchen Sie ihn in Münster, Sie können ihn dort jederzeit auf dem Picassso-Platz betreten.

Sand, George und Fréderic Chopin

(Sand und Chopin, Skizze von Delacroix o.D.)

George Sand (Amantine Aurore Lucie Dupin), 1804-1876, französische Schriftstellerin, von 1838-1847 dauerte ihre Liebesbeziehung mit dem

ehemals polnischen Komponisten, Pianisten und Musiklehrer **Fréderic Chopin** (1810-1849)

Du suchst eine Insel,

wo Du Dich verwöhnen lassen, kochen, leckeressen,
klavierklimpern kannst? Du schwimmst im Mittelmeer und
fühlst Dich nicht abgeholt? Ich erfülle Deine Wünsche, melde
Dich: wunderbaremiomente@web.de

Sappho na und?

(Brustbild nach Kalathos um 470 v.Chr., Staatliche Antikensammlung München)

Sappho, *zwischen um 630 v. Chr.-570 v.Chr., antike griechische Dichterin, unterrichtete junge Mädchen auf der Insel Lesbos in Poesie, Musik, Gesang und Tanz, noch heute findet dort jedes Jahr ein Frauenfestival statt. Sappho gilt als „Urmutter des Lesbentums" (web, sappho, Tagesspiegel ..) andere berichten, dass sie verheiratet war, ein Kind hatte und mit dem Dichter Alkaios aus Mytilene ein „Dichterpaar" bildete (Erich Ackermann, Lesebuch der Antike, Köln, 2014, S. 97)

Kamst Du endlich! Hab Dank!
Denn ich harrte in Sehnsucht dein...
Überströmen lässt Du mein Herz,
das in Liebe brennt.

(nach Kupferstich von J.T.de Bry (1561-1623),
Bibliothèque Nationale, Paris; Gedichte aus web. a.a.O.)

Die Mondin ist hingesunken.
Mit ihr der Pleiaden Mitte.
Die Nacht. Es vergehen die Stunden.
Doch ich muss alleine schlafen.

Schmidt, Helmut und Loki

Helmut Schmidt, 1918-2015
deutscher Politiker, Minister, Bundeskanzler (1974-1982),
heiratete 1942

Hannelore („Loki" Glaser) 1919-2010,
Botanikerin, Lehrerin

HAMBURG UND ANDERSWO

Schmidterlinge im Bauch, ich bin die Medizin gegen akutes
Tabak- und kuscheldefizit, suche die Partnerin,
die über Loriot Tränen lacht, Klavier und Segelboot für
unverzichtbar hält und als Vorschotfrau mir
die S-T-tange hält. Hamburger Abendblatt, Chiffre ...

213

Schumann, Clara und Robert

Clara Josephine Schumann (geb. Wieck), 1819-1896,
deutsche Pianistin, Komponistin, seit 1840 – nach langen auch
rechtlichen Auseinandersetzungen – seit 1840 verheiratet mit

Robert Schumann, 1810-1856, deutscher Komponist, Dirigent

Nur für Musen und Engel gedacht

Interessanter Schuhmann mit freundlichem Herzen,
selbstständig, erfolgreich gut aussehender NR, sucht zu
liebevoller Harmonie seine sanfte Muse und Partnerin
mit Niveau für alles Schöne, Sang und Klang.

Sokrates und Xanthippe

Sokrates sagte, nachdem ihn die schimpfende Xanthippe mit dem Nachttopf übergossen hatte: „Seht ihr, wenn meine Frau donnert, spendet sie auch Regen!" (Diogenes Laertes, 2.36, Bild nach Otto Vaenius, 1607)

Xanthippe, Ende 5. Jh. -4. Jh., Ehefrau von

Sokrates, 469-399 v.Chr, altgriechischer Philosoph

Ich weiß, dass ich nichts weiß –

von Dir. Darum erkenne Dich selbst, erkenne, dass Du mich
willst. Schon der Versuch. meine grenzenlose Freiheit zu
bändigen, wird Dich glücklich machen. Die Kunst zu sein …
ist für mich eine tägliche Übung.

Karlstadt, Liesl und Valentin, Karl

Liesl Karlstadt (Elisabeth Wellano), 1892-1960, deutsche
Soubrette, Schauspielerin, Kabarettistin, von 1911-1936
Partnerin von
Karl Valentin (Valentin Ludwig Fey), 1882-1948, deutscher
Stückeschreiber, Humorist, Volkssänger, Filmproduzent

„Mögen hätt ich schon wollen,

aber dürfen hab˙ ich mich nicht getraut…" Traut sich eine…
oder wollen vielleicht auch gleich drei...- ? Aber nur sofern
Mitgift!?* Münchner, Abendzeitung (AZ), Chiffre …
*Valentin verlor 1935 sämtliche Ersparnisse von Liesl, die einen
Nervenzusammenbruch erlitt… er aber fand eine neue Partnerin…)

Wildecker Herzbuam

Mollig rund, na und!
Für meinen 2. Start benötige ich (41/1,65/70) noch Starthilfe von (m)einem Partner. Aus Paritätsgründen sollte er

Schwalm, Wolfgang, *1954 und **Wilfried Gliem**, *1946, musizierten zusammen von 1989- 2015

R·K··

Herzbube (34/1,71), akad., gutauss., schlank, liebenswert, lebensfroh, gefühlvoll, mobil, träumt von attrakt., verschmuster **Herzdame.** Küss' mich, wach, m. Bild.

Zeus und Europa

Zeus (lat. Jupiter)
Griechischer Göttervater raubte in seiner Gestalt als Stier die
leichtfertige

Europa, Tochter des phönizischen Königs Agenor und der
Telephassa. Der Verbindung mit Zeus entsprangen drei Söhne.
(Quellen Ilias – Homer; Metamorphosen - Ovid).

Unser Erdteil ist bemüht, dem Vorbild Europas zu folgen und
stolz darauf, den Namen Europa
tragen zu dürfen.

Anzeige

Wo wollen diese Leute hin? Wir, die seriöse durch die EU
autorisierte Europa-Partner-Agentur **EPA** vermitteln jeder Frau
den passenden Stier. Kontakt: zeusstier@europa.com.
Passwort: Jupiter amorandus

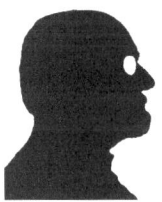

Vom gleichen Autor sind erschienen (Auswahl):

5 000 Jahre Archikatur, Beton Verlag, Düsseldorf, 1997

Archikatur², Aschendorff Verlag, Münster, 2000

Münster und seine Stadtteile, U.Richard-Wiegand, Hrsg. Stadtplanungsamt Münster, Aschendorff Verlag, Münster, 2005

Lokaltermin Münster, Stadtgeschichte, Aschendorff Verlag, Münster 2007

Münster will nach oben, Stadtplanung, Hrsg. Stadtarchiv Münster, Aschendorff Verlag, 2015

Münster - warum unser Rathaus 5 Beine hat, Karikaturen (zur Torhausaustellung), Selbstverlag, 2016

Nix Genaues weiß man nicht, Erzählungen, Westfälische Reihe, Münster 2017

Ja, aber …! Widerlegungen, Book on Demand (BoD), Norderstedt, 2020

Letzte Hoffnung für leere Kirchen. Karikaturen BoD, Norderstedt, 2021